國家圖書館出改版品預行編目資料

三月風華 ： 三月詩會同仁選集之三 / 劉菲, 汪洋萍主編. -- 初版. -- 臺北市 ： 文史哲, 民 87
面 ： 公分. -- (文史哲詩叢 ; 28)
ISBN 957-549-142-4(平裝)

831.8 87005812

文史哲詩叢 ㉘

三月風華——三月詩會同仁選集

主　編：劉菲・汪洋萍
出版者：文史哲出版社
登記證字號：行政院新聞局版臺業字五三三七號
發行人：彭正雄
發行所：文史哲出版社
印刷者：文史哲出版社
臺北市羅斯福路一段七十二巷四號
郵政劃撥帳號：一六一八〇一七五
電話 886-2-23511028・傳真 886-2-23965656
實價新臺幣二八〇元
中華民國八十七年五月初版

ISBN 957-549-142-4

文史哲詩叢28

三月風華

劉菲
汪洋萍 主編

——三月詩會同仁選集之三

文史哲出版社印行

王幻　一九九五年八月十六日，攝於北京長城。

汪洋萍　1993年5月22日攝於香港黃大仙廟公園

徐世澤 於 1997 年 2 月暢遊阿根廷冰河

潘　皓　1997年3月29日，攝於蘇州太湖鳳凰台

麥　穗　1997年10月10日，攝於河南嵩山「嵩陽書院」

張　朗　1997年金門三日遊留影

劉　菲　1995年8月16日，攝於甘肅沙漠古城

藍　雲　1998 年3月5日攝於士林故宮至善園

林　齡　1997年詩人節榮獲詩運獎，與榮獲青年優秀詩人獎之陳素英小且合影。

關　雲　1997年8月，攝於宜蘭縣冬山河畔

1993年3月13日，三月詩會第一次在臺北市中山南路國家圖書館餐廳聚會。前排左起：藍雲、林紹梅、晶晶、麥穗、張朗。後排左起：邱平、田湜、王幻、劉菲、謝輝煌、文曉村。

1993年10月2日，三月詩會同仁在新店市聚會留念。前排左起：麥穗、一信、晶晶、文曉村、林紹梅。後排左起：張朗、謝輝煌、王幻、劉菲、藍雲、邱平、金筑。

1993年12月6日，三月詩同仁在臺北市長沙街國軍英雄館前留影。前排左起：麥穗、謝輝煌、劉菲、晶晶、金筑、文曉村。後排左起：王幻、藍雲、張朗、邱平、林紹梅。

1995年12月2日，三月詩會同仁在臺北市衡陽路「秀苑」茶藝館留影。前排左起：謝輝煌、麥穗、晶晶、林恭祖、文曉村、張朗。後排左起：邱平、藍雲、一信、劉菲、汪洋萍。

1995年8月5日，武漢華中師範大學王常新教授來臺訪問，與三月詩會同仁合影。前排左起：莫野、晶晶、王幻、王常新、王碧儀、關雲、金筑。後排左起：汪洋萍、藍雲、麥穗、文曉村、林恭祖、張朗、一信、邱平、謝輝煌。(按：當時劉菲訪問大陸)

武漢中南財經大學臺港文學研究所所長古遠清教授訪問臺灣，與三月詩會同仁聚餐。圖左起：汪洋萍、林恭祖、古遠清、劉菲。

詩評家古繼堂夫婦、詩人明秋水來臺訪問，三月詩會部份同仁與葡萄詩刊部份同仁假臺北市國軍英雄館宴請餐敘。圖左起第四人爲明秋水，依次爲古繼堂教授、胡時珍女士（古繼堂夫人）。

臺北市長沙街國軍英雄館西餐部之咖啡座亦爲三月詩會聚會之場所。

臺北市中山南路國家圖書館餐廳，是三月詩會最初集會的場所。

位於臺北市中山南路中正紀念堂廣場內的國家戲劇院西餐廳，
亦曾是三月詩會的聚會場所。

臺北市衡陽路之陸羽茶藝館，亦爲三月詩會聚會之場所。

風景秀麗之碧潭河畔茶座，亦爲三月詩會聚會談詩之處所。

本會同仁訪問詩畫家唐溶小姐（後排右四）畫室留影。

臺北市衡陽路之「秀苑」茶藝館，藝術氣氛濃郁，爲三月詩會經常聚會之場所。

每月之第一個星期六中午，爲三月詩會同仁聚餐之時，詩酒古往今來不分家。

1998年2月，新加入三月詩會之青年詩人大蒙（圖右起第二人），圖右起第五人爲徐世澤同仁。

1995年7月22日，世界論壇報《世界詩葉》創刊第一百期慶祝茶會，三月詩會同仁均應邀出席慶祝會，圖第一排左起：麥穗、林恭祖、關雲、莫野、晶晶、謝輝煌。第二排左起：張朗、王幻、劉菲、劉建化、邱平、一信、金筑。

1996年11月2日，三月詩會在鶯歌汗洋萍同仁家雅聚，並參觀陶瓷博覽會，部份同仁在會場與詩友風信子（左一）合照留影。

我們是跨世紀的詩人（代序）

三月詩會又要出版同仁詩選了，以目前最新的同仁通訊名錄共十九位，除最早的發起同仁林紹梅住醫院無法創作之外，其他同仁都斷續有創作。而真正交作品參加此次詩選的只有十位。

三月詩會最初的目的是「以詩會友，互勉互勵，維持創作生命力。」每月聚會一次，不知不覺已邁進第六年了。

在過去的五年當中，不斷有興趣相投者加入，也有中途退出的，所謂「退出」，就是收到召集人的通知而不出席聚會，也不「請假」，連續三個月不出席聚會，就表示沒有意願了。

曾經為三月詩會帶來熱鬧氣氛，而且在創作上頗有成就的詩人劉建化、邱平、宋后穎三位，已好久沒有出席聚會了。青年女詩人莫野，因遷居桃園市而無法出席聚會。

《三月風華》，是三月詩會同仁的第三部選集，共有十位同仁提供作品，即：王幻、徐世澤、潘皓、麥穗、藍雲、張朗、林齡、關雲、汪洋萍、劉菲。這十個人，每個人的職業不一樣，個性不一樣，成就不一樣。尤其個人的詩底風格不一樣。但有一點是相同的，那就是做朋友相處的道義。君子固窮，義之所在，不落人後。

三月詩會能夠維持六年，實在很不容易，三月詩會第一部同仁選集《三月情懷》一九九四年八月出版，計有：林紹梅、王幻、劉建化、文曉村、汪洋萍、金筑、張朗、麥穗、邱平、謝輝煌、晶晶、劉菲、一信、藍雲（以年齡序排名）等十四位。

三月詩會第二部同仁詩選《三月交響》（一九九六年三月出版），計有：林紹梅、王幻、劉建化、林恭祖、汪洋萍、金筑、張朗、麥穗、邱平、謝輝煌、晶晶、劉菲、一信、藍雲、王碧儀、關雲、莫野（依年齡序排名）等十七位。另外還有一位大陸天津的榮譽會員米斗。

一個詩人要長久維持創作生命力很不容易，要在黃昏年齡「惜緣」還需一分佛心，我們出版同仁詩選的主要目的是，向社會宣示我們還活的很健康，向詩壇宣示我們還有旺盛的創作生命力。當然，我們還有一分佛心。

地球村的人類有個共同的文化：「自己的兒女都是好的」。我們印在這本選集上的作品也抱持同樣的想法，都是好的。當然，一部「詩選」推上市場時，它是屬於公眾讀物，必須承當公眾的品評，是褒是貶，對作者來說都是有意義的，這個意義就是「存在」，《三月風華》這部詩選的誕生與存在。

《三月風華》，是三月詩會同仁在本世紀末的選集，在榜上的同仁們都很高興，看看印在書上的彩色照片也很愜意。詩人就是照片上那個騷樣子，誰說老了!?才不老呢！下一次三月詩會出版「詩選」要等到二十一世紀了！

總而言之一句話，我們有信心做跨世紀的詩人！再莊嚴地、神聖地高呼一聲：我們是跨世紀的詩人！

劉菲執筆

民國八十七年（一九九八）三月二十九日在臺北

三月風華　目錄

劉　菲卷

藍　雲卷

林　齡卷

王幻卷

作者簡介

王幻（本名王家文），一九二七年出生於山東省蓬萊縣。曾獲美國世界文化藝術學院榮譽文學博士。生平如孔老夫子所自況：「吾少也賤，故多能鄙事」，寫詩亦鄙事也。出版過《情塚》、《時光之旅》、《秋楓吟》新詩集。其他著作，有《晚吟樓詩鈔》、《屈原與離騷》、《鄭板橋評傳》等十多種。

曩篆閒章一方：「我與仲尼是同鄉」，俾見賢思齊，自高身價；可笑亦可哂耳。

喝一口大明帝王酒

——兼致安徽潘皓教授

陰雨連綿的臺北市面
露出一幅蕭索的表情
今年的冬天很冷

走在信義路上
燈誌示我不信不義的眼色
哦！原來我的腳步
是逆向而行

讀過你的「看版」詩
忽然憬悟個中的奧秘
由於立場之不同
便形成靠右邊走的人
看不懂靠左邊走的意向

為驅趕心頭的寒流
攜帶一瓶大明帝王酒

去到小南門的餐館
享受一次羊肉火鍋的溫暖

喝一口帝王酒
回味一下朱元璋開國的豪氣
於是把滿懷的詩情壯志
燉在滾燙的火鍋裡
散發縷縷盛唐的清香

從而讓我們的詩筆
就像敲打鳳陽花鼓的繽紛
揮灑這一代的謳歌
傳遞中華文化的烽火

（丙子臘月十六日）

香港回歸萬歲

眾目飄舉
眼巴巴的巴望
東方之珠的香港
迄一九九七的七月一日
回歸中國版圖

白種人以鴉片煙
毒化東亞秋海棠的黃土地
復以強盜行徑
奪走會生金蛋的金雞

英吉利的米字旗
升在零丁洋的南島上空
飄揚了一個半世紀

漫長的流光
淬煉中華民族的尊嚴

洗雪南京條約的恥辱
這顆海上明珠
更為璀璨更為耀眼
遂見二十四萬萬隻手
振臂高呼
香港回歸萬歲

（一九九七年四月二十日）

紅衣喇嘛

一襲紅袈裟
自冰封千仞的化外飛來
那是風塵滿面的笑臉
不是純淨無垢的雪蓮

他非無敵的仁者
也非有道的僧侶
誦咒加持灌頂的儀軌
乃借佛斂財的腳本

臺灣宗教之旅
企為掩耳的謊言找藉口
君不見他住豪華飯店
享受元首級的禮遇

由他身上
看不出龍象般的威儀

掏耳抓腮搔癢等等動作
無異是齊天大聖的化身

臨走他滿載
五十萬的美金揚長而去
給佛門信眾的心中
留下一團夢幻泡影

臺灣豬的哀嚎

聞其聲不忍食其肉
數百萬頭大豬小豬乳豬
皆感染上絕跡
蓋有年矣的口蹄疫

用電擊捕殺
用深坑活埋
用烈火焚燒
阿兵哥操槍的手
沾滿血腥
變成屠戮的幫兇

一群顢頇的大員
居然穿起寫著：
　吃出健康
　吃出繁榮
特製的黃色黑字背心

賣力的演出
大啖豬肉秀的鏡頭

彼輩似乎都在
捂著耳朵和矇著眼睛
裝作看不見也聽不到
臺灣豬的哀嚎

詩人的畫像

一張少而無賴
　老而無情的臉
怎麼看總是失去焦點
如泛黃的相片

有時攬鏡自照
華髮皓然
酷似禿盡丹頂紅的白鶴
昔日凌雲的翅膀
難能逐風飛翔

況且兩眉下垂
　老眼昏花
若再刁上一支煙斗
那就更像梵谷生前落魄
賣不掉的畫作

雖然尚未蓋棺
但已寫好可嗤的墓誌
期望名垂千古一瞬
何如把詩的風骨揚在碧海
任群鷗唱和
浪漫的輓歌

（一九九七年四月九日）

渤海的迷思

劉建化兄
致贈蝦醬作答

五十載
飄泊歲月
彷彿江海的沙鷗
幾乎已忘記
煙台蝦醬的原味
和醃在骨血裡的鄉愁

咱是渤海人氏
萊子古國的遺民
每憶及
海市蜃樓的剪影
忽有拍岸的潮聲
自心頭捲起密密麻麻
千堆雪的浪花

不知何年何日
得以聯袂乘雲歸去

沿踏封禪東巡的月色
去探訪
芝罘碑的刻石
而今是否無恙

（丁丑清明節）

盲人之歌

他是盲於目
不盲於心的盲人
一根枯竹杖
乃覓路的眼睛
一面報君知
乃開道的鑼聲

沒有導盲犬
不設斑馬線的時代
僅憑這根枯竹杖
走遍了大街小巷

他另背負
一張三弦的古琴
每當清風明月之夜
便彈唱幾曲
忠孝節義的故事

為人間立榜樣
為古今鳴不平

失明的雙目
有眼不見為淨的好處
只管揚起堅挺的枯竹枝
踏著顛躓的人生
探索自己的路

（一九九七年四月十日）

一盆月季在笑
——致丁文智詩友

你從山東老家
帶來一盆小小的月季
它的枝莖只有
麥管那般粗細
而且有些
奄柔待斃的樣子

萬里迢迢
打彼岸移到此岸
面對拳頭大的泥盆
你用愛心勤於澆水
　又勤於施肥

終於乾癟的枝枒冒出
一小片一小片
楓紅色的嫩芽
綻放生生不息的春意

珍若拱璧
珍視這盆故土的月季
因它是你八十歲的娘親
用顫危危的手
自老幹壓出的新枝
看到它如看到
一張慈祥的臉在笑！

（一九九七年四月十三日）

送別李春生詞長

無論有多少
眷戀、牽掛和難以放下
該走的時候總得要走
誰能留住你的行腳

如想走得瀟灑自在
最好哼著自己得意的詩句
便不會感到孤獨感到無聊

啊！朋友
我恍若聽見你高亢的聲音
從窈冥之鄉傳來
訴説白髮紅顏的情結
至死仍未解開

你是一個多情的人
而且老而彌篤

最後帶著刻骨銘心的思念
邁向這條不歸路！
（一九九七年十二月二十七日）

春的呢喃

那似曾相識的燕子
是否自朱雀橋邊飛來
昔日的烏衣門第
化作唐人的詩草

翦翦雙釵
彷彿兩條青絲髮辮
上面紮著活色生香的蝴蝶結
搖曳春的消息

每當斂翼含香
顧眄即將離巢的乳燕
再三地軟語叮囑
切切記住回家的路

（一九九七年十二月二十五日）

汪洋萍卷

作者簡介

汪洋萍，民國十七年生於安徽省岳西縣，自幼失學，先後從事農、工、商業，來臺後幹了四十三年軍、公、教人員，屆齡退休。著有《心影集》《心聲集》詩集，及《萬里江山故園情》、《生命履痕》文集，和《袒露心靈》詩文合集，曾獲教育部新詩創作獎。現爲中華民國新詩學會、中國詩歌藝術學會理事，中國文藝協會、中國作家協會、中華民國青溪新文藝學會會員，三月詩會成員，《秋水詩刊》編委。

汪洋萍自謂是文藝圈內一名見習生，卻從來不靠近詩壇文壇上什麼主義或流派。他始終認爲詩文都是心靈的語言，是表達思想與情感的媒介，是人際關係溝通的橋樑。他的詩文像他的爲人處世一樣的平淡，沒有誘惑性，他卻認眞經營，而且咀嚼得津津有味。

人類這齣大戲

人類這齣大戲
演了千萬年
愈演愈荒腔走板
愈演愈突顯暴力

現正上演
慾海愁城攻防戰
演員情緒
歇斯底里

台詞不斷作
新的詮釋
刺激就是快樂
強權就是公理

心思

心思
像一串串風鈴
掛在胸口
隨心跳脈動
奏出生命的樂章
知音何在？

其中一串風鈴
彈著憶往的戀曲
期盼戀人和唱
咫尺天涯
伊人知否？
知否？

心事

戰鼓咚咚
來自四面八方
吶喊廝殺
呻吟怨嘆
高歌狂歡
這些惱人的噪音
無所不在

為維護
我方寸的安寧
選新材
用古法
興建城堡
築護城河
隱居其間
續譜我生命之歌

心潮

哈伯望遠鏡
傳回外太空的訊息
挑起我心湖陣陣漣漪
國際網際網路
呈現我眼前的景象
彈出我腦海朵朵浪花
周遭選戰的激情
將那漣漪浪花壓縮成
澎湃的心潮

想到外太空遼闊無邊
感嘆生命渺小短暫
看見人世間群魔亂舞
我自恨除妖無能
又掀起另一波
心潮

瞭望廿一世紀

雷射光束
交織成空戰的火網
戰利品紛紛墜落
太陽黯然神傷
月亮掩面啜泣
星星嚇得不見了

地球上資訊泛濫
全裸半裸的
新新新……人類
如瘋　如狂
如癡　如醉
衛道者　理想者
被擠到陰暗的角落

國父史蹟紀念館（逸仙公園）

暗黑色的「理想瓦」
覆蓋著白圍牆
阻隔了鬧市塵囂
蒼松翠柏綠竹
曲徑小橋涼亭
迷你湖裡錦鯉悠游
遊人神情虔敬

庭院中的小木屋
室內陳設簡樸
壁上那幾幅圖文
是國民革命的縮影
書架陳列的典籍
是先烈以生命寫成
國父博愛的胸懷
展現世界大同的遠景

註：國父史蹟紀念館，位於臺北火車站東側北平東路口。原是國父民國二年來臺時下榻的「梅屋敷」旅館，民國三十五年以原址建爲國父史蹟紀念館。七十二年因鐵路地下化，北移五十公尺處，照原樣遷建，並興建大門牌樓及圍牆而成「逸仙公園」，清幽雅潔，俱有社教及休閒的雙重功能與效益。我遊憩其間，觸景生情，撫今追昔，而興感嘆。

都江堰與二王廟

汪汪清流
流了二千多年
流出一個天府之國
流出中國人的驕傲
流出一頁光輝的歷史
流出為官的典範

李冰父子相繼
將泛濫洪禍
導入都江堰成德澤
皇帝崇功封王賞賜
百姓感恩建廟奉祀
二王居高俯視含笑

註：都江堰位於四川省灌縣境內岷江水道上，興建於戰國時代，距今二千二百餘年，有防洪、航運、漂木、灌溉四大功能，現設都江堰市。乘坐都江堰索道吊籃上二王廟，居高臨下，青山綠水翠谷，盡收眼底。我懷虔誠之心，向二王塑像行禮致敬。

敦煌莫高窟

遠看那座荒涼的小山
半山石壁上
有高低大小不一
四百九十二個洞
像一長串黑珍珠
那就是敦煌莫高窟

進入洞口別有洞天
彩繪浮雕盡是精緻文化
藏有儒道佛經典
歷經十個朝代
度過一千六百多年
形成敦煌學、敦煌藝術

註：敦煌在甘肅省境內，是古絲路的通商重鎮，現設敦煌市。莫高窟在市區外二十五公里，經前秦、北涼、北魏、西魏、北周、隋、五

代、宋、西夏、元等十個朝代陸續開鑿而成，經編號列管維護的有四百九十二個石窟。石窟内除了儒道佛經典，還有史地、文學、藝術、天文、醫學、社會學等文物資料，爲研究這些文物資料而形成「敦煌學」。敦煌美術、建築、樂舞、壁畫、絹畫、紙畫、麻布畫、遺書插畫和刺繡等，統稱「敦煌藝術」。

黃塗山竹編藝術展觀後

將竹子剖成
一片片　一絲絲
編織成琳琅滿目
巧思
巧手
巧奪天工
呈現
藝術家真善美
靈魂

平凡中見偉大
偉大中現平凡
在使用時欣賞
在欣賞中使用
交織成
完美的
人生

如果
如果天地間萬物
都能盡其用
能盡其美
人世那有遺憾
那有罪惡

註：黃塗山先生，將畢生心力投注於竹編藝術的研發，並從事教學傳承。將竹編藝術發揮得琳璃盡致，選出精品數十件，在臺北火車站文化藝廊展出，由行政院文化建設委員會主辦，臺灣省手工業研究所承辦，展覽日期自民國八十六年十一月二十一日至八十七年二月二十五日止。

心靈饗宴

淡淡的雲彩
浮現眼前
微微的清風
迎面而來
理想的美景
從腦海出現
我陶醉在
一片寧靜
享受豐盛的
心靈饗宴

悼念麥可

我們有一面之緣
卻沒有交談
你們年輕人喝酒論詩
神采飛揚
我在一傍欣賞

當我讀完你的詩集
才知你我的心靈世界
咫尺為鄰
但為時已晚

你的理想與現實
距離遙遠
你挑著沉重的擔子
兼程奔向目標
留下深深的腳印

你走得太快　離開太早
《黃昏詩章》
《流星的墜落》
對生命作了詮釋
放出耀眼的光芒

雖鄉關萬里
人天永隔
我永遠懷念你這位
知心的朋友

註：麥可是哈爾濱青年詩人，一九九六年五月，秋水同仁與詩潮詩刊在瀋陽舉辦詩學研討會，麥可趕來參加得以相識，當年十二月六日因病去世，年僅二十五歲。其好友李英杰等，爲他出紀念詩集，並蒙贈閱。

無題

一

迷路了
真的迷路了嗎？
我直行未曾轉彎呀
為何路愈走愈窄
路上行人愈來愈少？
好在雲淡風輕
路邊風景悅目怡情

二

變天了
真的變天了！
陰晴瞬息突變
氣溫冷熱異常
幸好我心裡有一片天
風和日麗
氣象萬千

三

新的社會大辭典
將很多名詞作了
新的詮釋：
民主：是唯我獨尊
自由：是無法無天
法律：是保護壞人
我都不認同

徐世澤卷

作者簡介

徐世澤，江蘇東台（興化）人，一九二九年三月十三日生。國防醫學院醫學士、公共衛生學碩士。曾赴美、澳、紐等國考察研究，數度代表出席世界詩人大會，足跡遍六大洲五十餘國。曾任主任、秘書、副院長、院長、榮總人月刊總編輯等公職。作品散見各報章雜誌及列入世界詩人選集，出版中英對照「養生吟」詩集，曾榮獲教育部詩教獎。現任中國詩經研究會秘書長、乾坤詩刊社副社長、源遠月刊編輯等。

詩應具民族性與時代性，以求傳統文化精萃與現代語言緊密結合，而繁榮我國未來詩壇。詩必須是多數人可讀，可感的優良讀物，才能叩人心弦，引起共鳴。

樂山大佛

仰慕祢
不遠三千里而來膜拜
祢與山齊
背負凌雲
腳踏三江
龐然，慈悲威儀

從棧道蜿蜒而下
繞著祢的腳走過
坐在腳趾上顯得我很渺小
抬頭看，祢
眉宇非凡，慈祥莊嚴
表皮脫落，出現
風吹雨打斑痕

祢來此已一千二百餘年
留下珍貴藝術

穿過苦、空、無常的回憶
我只悵望、嘆息

後記：

1.大佛坐像全高七十一公尺，寬十公尺，公元八世紀鑿雕。
2.凌雲指凌雲山。
3.三江指岷江、青衣江及大渡河。
4.棧道指凌雲棧道九曲棧道。
5.佛足上可圍坐五十餘人。
6.佛像上有剝落的斑痕。

旅人的心聲

海外遊子　飄泊的心
寂寞無奈，仰天看雲
血淚的一生
流落異域　難以稱心

緬懷五千年的歷史文化
遙對故鄉的明月
日日夜夜在腦際迴盪
　在夢中驚醒

偶而回到故鄉
在親友的歡笑聲中
有喜極而泣的淚水
心頭的一片愁霧
卻揮之不去
浪跡天涯的飄萍
不知他日埋骨何處？

冰河

藍天白雲，雪山綠水
深情地擁抱著你
我從萬里外來
探訪你這世間罕見的佳麗

直升機吻著你
傾聽你「格格」的低語
你悄悄地蓮步輕移
一瞬間，你卻發出
崩裂般的隆隆聲
是否你在掙扎呢？

你身著藍白黑綠的花衫
矗立在兩座雪山間
你只微微抖落了一點皮屑
便有刀山、劍壁出現
向四處投射

遊輪就近你的芳澤
發覺你更迷人
和煦的陽光照耀你
使你更美麗
有如彩虹在搖曳
眾人驚呼不已！

後記：余於一九九五年九月阿拉斯加破冰之旅及一九九七年二月南極冰河之旅所見景象。

戲

感人落淚的悲
令人捧腹的笑
動人心弦的歌
可憐復可笑的人生舞台

我們對這世界
投入一生的心血
像牛馬般的辛勞
扮演好自己的角色

屹立於沉默的微笑
壓抑的憤怒
不遂的命運
離棄的詛咒
瘋狂的活力
豪放的堅毅
各奔天涯

盡力作出色的表演
儘管無奈
仍然期盼
人生的戲不斷地上演

官　章

我原是一個
未經磨刻的小石
一天，被刻上
您的單位、職稱和姓名
便與您有了親蜜的關係

像金屋藏嬌般
我經常被您藏之於密，帶在身邊
當您輕輕撫摸著我，將我壓擻
千千萬萬個您
便在人們的眼前出現

您是本尊
我是您的分身
一旦沒有我
您便著急，若有所失
沒有您
我就變成了廢物

癌症辯護

周大觀寫詩
罵我是惡魔
要人們對我宣戰

他有所不知
我想侵入人們的身體
並不那麼容易
是他們自己粗心大意

當他們的生活欠規律
放射線、化學物過度刺激
吞雲吐霧、環境汙染
我就會乘虛而入

不尋常的流血
久治不癒的傷口
乳房或任何部位

化膿或腫塊
痣或疣顯著的變壞
都是我在建立根據地

人們缺乏憂患意識
沒有警戒心
給我生存發展的機會
一旦我兵臨城下
只得束手就擒

防衛戰略重環保
禦防戰術要周密
我就會知難而退

後註：周大觀十歲患肉瘤橫紋肌癌，他作詩抗癌。

白衣天使

一臉溫柔相
輕盈天使裝
玉人含笑來而往
儀態端莊
親切似冬陽

微笑輕聲説
慇懃問暖涼
上班總為病人忙
慈善心腸

老伴吟

老伴兒
性情好
天作之合
和諧同到老
髮白眼花常嘮叨
真是令人
好氣又好笑

老伴兒
最可靠
甘苦共嘗
又善於烹調
外在風韻未減少
親密尊重
內在更美好

常嘔氣

少爭吵
不聲不響
火氣自然消
表示關心就算了
相忍為家
大事全化小

兒在外
增煩惱
不來電話
兩老就心焦
悵然若失睡眠少
唉聲嘆氣
長夜真難熬

兒在外
忽病倒

兩老聞訊
內心如刀絞
要想趕去辦不到
急得好像
熱鍋螞蟻跑

思念兒
心煩躁
倚門而望
終於領悟到
兒有兒的生存道
何必想哪
徒自尋苦惱

兒媳忙
顧幼小
競爭圖存

漠視了兩老
突然一老生病了
另一老人
又忙又心焦

要外出
一齊跑
户外散步
市場買菜肴
有時用手扶著腰
深怕老伴
走快會跌倒

趕應酬
要提早
忘了東西
還要往家跑

幾番折騰總算到
至親好友
閒談強歡笑

不貪多
少煩惱
何時病痛
誰也難預料
從早到晚家務勞
共同生活
健康就是寶

潘　皓卷

作者簡介

潘皓，筆名野農，安徽省鳳陽縣人，一九二九年生，國立臺灣師範大學教育學系及三研所畢業。從事社會工作之研究近四十年。著有：「均富社會與經濟發展」、「民生主義經濟體制」、「哲思底視界」、「中國社會福利思想與制度」，以及相關論文五十餘篇。

曾任自由青年半月刊編輯、大道雜誌社社長；南亞工業專科學校、華夏工業專科學校、中國文化大學、東吳大學講師、副教授、教授等職。現任朝陽科技大學教授、中國社會工作協會秘書長。

在新詩創作方面，曾著有：「微沁著汗的太陽」、「在莒集」、及詩評與詩論等多種。

梨山作客

茫茫的霧
模糊了眼前視野
早起的太陽
正潑灑著
用金絲線綴成的感光網膜

才爬上半山腰
便聽到一串似曾相識的聲音
自那堆滿了笑容的
纍纍果實枝頭跳躍著而來

要不要嚐嚐看
剛熟透的水蜜桃　甜而且可口
帶幾顆回去
請好朋友一起分享

於是

相見皆曰身是客
回首鄉關遠
席地而坐　道不盡故國情懷……

黯影

台北的天空
總是下著如霧的迷離
如霧地淹沒了每一扇窗口的瞳孔

阿里山
被葬於氤氳深處
浴血的太陽
昇起一張蒼白的臉
那吟唱著福爾摩沙滄桑史的淡水河啊
卻溢出了腐臭味
終朝擁抱著痛苦噓唏

於是　乃把這
島之國塗抹成一個
模糊的世界
茫然於濁浪排空的橫流裡
　掙扎

飄搖

當海上的風
帶著雲霞掠過中央山脈
而灑下落英片片
啊　哪倒映於水底的
　朦朧閃爍
　　是瑤臺抑或慾壑
　　是碧波抑或黑潮

錢塘觀潮記

江上的奔流
在波動的恆定中飛躍
而醒來後的吶喊
想必是從海的最深層爆發出力的鏗鏘

誰知
還沒來得及調整
視野的角度
它卻掀起一波波白色的狂瀾
自天之外滾動著而來
像是島的層巒之起伏
交錯而翻騰在哪已被落霞
染紅的一窩雪裡

於是排著隊的浪濤
一波接著一波
開始向灘頭狂吻　狂吻……

終於以空谷般的豁達擂響千年蟄伏的鼙鼓
轟轟然如眾星殞落
幾使整個宇宙為之搖撼

當多事的
落山風　乘勢臨空而降
攪亂了這曠世奇景
之後　而把激起的浪花揉碎
則陷入一片蒼茫

舞臺

醒著的夢
乃浪漫人生之再版
當鏗鏘的鑼聲響起
他總想自舞動的手臂簇擁如森林的沸騰中
讓生命的火花
　　拌著掌聲燃燒……

怪異的是
今有人以玩世不恭
為同性戀證婚
秀了一場沒有劇本的文明戲
一場大膽演出的
荒謬

把介壽路
改為凱達格蘭大道
邀新新人類

點亮總統府前的黃昏　飄舞
而吊詭的雷射
　　灑下一片矯情

所謂「二二八」這被
蒙上一層陰影的悲情傷口
為什麼越五十年
還在喊痛
直使得那座被人敲掉銘文的紀念碑
終朝擁抱著一份迷惘
在夕陽下默默
沉思？

儘管
這一切都走入了歷史
但　相對的邏輯
卻早已演為與真理同在的前世怨偶

——今天既能如此說
　明天便會如彼說

然而　只有老百姓的眼睛
無奈地　望著天空

陽明山今年的花季遲遲

或許
松徑積雪未溶解
恍惚的太陽
總是躲在雲堆裡徘徊

三月纔醒來的
一汪淺笑
卻又被如霧的空濛層層深鎖著
陽明山今年的花季
遲遲

櫻紅未潑灑
春色怎繽紛
只有那耐不住寂寞的粉蝶
擁抱著枝頭狂吻

尤其啼血的子規

已在聲聲喚
為什麼今年陽明山的花季
遲遲　啊　為什麼
遲遲

煙波外　一朵
灰色的寒雲　仍滯留在
南中國海的上空
飄搖？………

種夢於空濛

·

萬壑齊鳴　留不住
半落日
一襲霧煞煞美麗的夢幻　卻唱了
四百年的悲歌

·

啊　長夜何如斯漫漫……

·

從一個陰暗
漆黑若古井的地下室
猛力舉起自己
攀沿而上　忽發現天空的哪朵雲
仍飄著夜的淒迷
淚的潸然

·

儘管朦朧的晞微
在白楊枝頭閃爍

·

此時寒星已落
冰河潺潺
可是卻從沒有人想過
為什麼以如斯——
自虐與自戕而又無怨無悔的
死抱著歷史傷痕
哭泣

·

這不是雨在窗外
密密麻麻的落著　遮住望眼
而是將一束亮麗鮮花
吊在牆上垂著
　　等待凋零

·

如斯漠視自我存在
又怎能對拂曉揭開低垂的帷幕

揮灑出一片
屬於春之版圖的
繽紛世界

・

荷蘭人早就被趕走
日本軍國主義的夢
也飄落在太平洋上那洶湧
滾動的濤聲裡

・

該笑的沒笑
背後　卻有人以冷凍過的潮汐
　　嗤嗤自齒縫擠出

・

於是雲對海說
若把這島
羽化成東方的威尼斯
門前可持竿垂釣

可濯足清流
看天際帆影款款，秀出
搖曳丰姿

·

啊啊　那悠悠的淡水河
那巍峨的阿里山
還有那數不清的超脫塵俗的寺院
風來時　聽檐角下的鐵馬
鏗鏗然響著叮噹
敲醒了化外紅塵滾滾
寫詩之金句

·

向那隱隱青山笑吧
向那藍藍長空敞開胸襟吧
莫再與魔鬼共舞
莫再將你那份期許囚禁在危崖之上
張望　彳亍

·徘徊

徒以《頭家》虛幻　種夢於空濛
豈非打著傘依然要淋雨

上海灘印象之旅

僅僅一水之隔的跨越
卻走了半個世紀
藍空的雲依舊悠悠　江水依舊滔滔
只有當年《租界》的那排
飛昂的樓宇
淪為落寞的景點

從過眼的雲煙裡
我依稀聽見遠方的濤聲猶在咆哮著
猶在講述江湖恩怨情仇
儘管海的浪漫未改　但那股
濁流，早即隨狂瀾
逐波而逝

當夕陽點燃了
黃浦江畔的萬家燈火
繽紛的夜，瞬即

把一座城的風貌，投注於
江心的視窗裡
展出

跳躍的夢
自華燈閃爍的蕊芒間
綻放燦爛的微笑
匆匆的輪渡
為接駁另一岸夜遊人的行腳
不停地在江上穿梭

此刻，灘頭燠悶如焚
讓那打扮入時的青春年華少女們
裸露得如菱形的發光體
掠過朦朧燈影
搖曳，且留下不少
撩人風采

最亮麗的，還是那——
懸於太虛，發出萬丈光芒的
那顆《東方明珠》
高高地，已蔚為浩瀚夜空的磁場
它正代表著二十一世紀
龍的傳人的驕傲

麥穗卷

作者簡介

麥穗，本名楊華康，浙江餘姚人，一九三〇年出生於上海市，一九四八年來台服務於林業單位三十餘年，一九五一年開始寫詩，曾加盟紀弦發起的「現代派」。擔任過《勞工世界》月刊主編，《現代文藝》月刊編委，現爲中國文藝協會，臺灣省文藝協會，中華民國作家協會會員，世界華文詩人協會理事，中國詩歌藝術學會常務理事，中華民國新詩學會理事兼副秘書長，第十五屆世界詩人大會籌備委員兼秘書。三月詩會同仁，《秋水詩刊》編委，《林友》月刊主編，曾獲頒第十五屆中興文藝獎章新詩創作獎，第卅五屆中國文藝獎章新詩創作獎，一九九一年詩運獎。著有詩集《鄉愁散曲》、《森林》、《孤峯》、《麥穗詩選》、（北京版）、《荷池向晚》及散文集《滿山芬芳》、《十里洋場大世界》，評論集《詩空的雲煙》等。

龍門石窟

訪遍一千多個洞窟
想坐下來
找位石匠聊聊
聽一聽那些無名藝人
如何練就
落錘著鑿的工力
何方臨摹
佛像栩栩的神態

然而
每個洞窟每件作品
都未曾留下
可以光耀可以傳世的
姓氏
留下的祇是一窟窟
無從查考的遺憾

蘆溝橋

六十四年前
那份突如其來的
驚慌　錯愕
恐懼　忿怒
均被凝固在橋柱上
那群石獅子的表情中

行走在被夕陽綴上彩的
蘆溝橋上
耳際有槍聲
在永定河上響起
一顆子彈落在宛平城樓
爆裂成
一天煙火般美麗的彩霞

此刻
大家不正在慶祝

抗日戰爭勝利五十周年
四面八方都響起了
鑼鼓的喧鬧

圓明園

斷柱殘壁
居然也能引來如許
觀賞者
難道都是來欣賞另一種
淒美的陳列

撫摸　歎息的後面
隱藏著的感覺是
悲憤？恥辱？好奇？
還是
莫名其妙的想象
不知所以的茫然

而我的眼前
卻是一片熊熊烈焰
自一堆殘暴貪婪的綠眼珠中
噴出
灼痛我心

重遊阿里山有感

一場隔夜豪雨
沒給清晨留下一絲雲絮
朝陽自玉山背脊躍出
依舊博得群眾的歡呼
彩雲雖美始終只是陪襯

古老的鐵軌依然
匐伏在森林裡
盤旋　迤邐　爬昇
背負著沉重的列車上下
往日一車車的巨木
已變成今日滿車廂的遊人
面對充滿了霸氣的年輕公路
一股勁兒往上衝
幾乎時代已屬於它們

有人將彩色方塊堆砌林間

一座座艷麗的仿古建築
給仙境般的自然美景
無端撒上了一層塵俗
就像慘遭砍伐掉的
那些大樹殘根
被冠上一個個莫名其妙的名稱
是引導人們去忘卻
這是侵略者斧斤下的恥跡？

八十五年六月廿三日　晚上於烏來山居

巴黎！我來了

一踩進巴黎
塞納河即向雙眸流來
視線滑過香榭麗舍
移向協和廣場上的方尖塔
一群蠕動在塔碑上的埃及古文
是否想告訴我們　此地
曾經滾落過多少顆
尊　貴　卑　賤的頭顱

站在凱旋門樓
腳下有星光四射
此刻　你我都是征服者
而拿破崙呢？
遠處　傷殘軍人院的屋頂（註）
不仍在閃爍著耀目的金光？

五月的巴黎

夜晚總是扮演著遲到者
遲遲不肯退席的夕照
讓艾菲爾鐵塔上的燈光
在納塞河的夜遊客眼前
黯然失色

當遊艇靠近非常巴黎的
亞歷山大三世大橋時
才猛然想起
該大聲宣告
巴黎！我終於來了

註：傷殘軍人院圓型黃金屋頂下，是拿破侖的陵寢所在。

一九九六年五月十一日於巴黎

唐三彩馬

以一個出發的姿勢
揚起前蹄
不奔騰
居然也能躍出
深埋千年的幽暗

甫見天日
又被禁錮入另一個
封閉得更嚴密的
黑暗
從此再也無法突破
更沒有第二個僥倖

彩陶
原是匠人無心的塗燒
卻被時間埋藏成
文化藝術的瑰寶

一九九六年十一月廿五日清晨烏來山居

彈跳

向藍天揮揮手
一閉眼
縱身萬丈深淵
面對花花世界
似乎已毫無留戀

無奈　背後還有牽掛
並非一躍百了
那股強勁的反彈
挽住了墜入谷底
粉身碎骨間的剎那

睜眼
卻發覺腳下這片
動盪不寧的山河
居然還有那份
令人驚喜的嫵媚

掌聲過後

掌聲過後
是熄燈
是落幕
是回向平靜

亮麗美艷
富貴榮華
遣兵調將的權威
呼婢叱僕的氣燄
都隨著抹去的油彩
　褪下的繡袍
歸於無形

掌聲過後
台下　帶走了歡笑
台上　留下一片空茫

一九九七年十月廿九日北二高車上

北京偶拾

總以為它依舊
穿著黃袍馬掛
拖著辮子打千作揖
在歡迎我們

當一腳踩進
堅持現代化的水泥森林
還以為飛機搞錯了航道
眼前少了印象中
一簇簇藍色的螞蟻

原來龍袍掛在故宮裡
在賺取洋人們的美金
藍螞蟻的影子
高懸在天安門上淋雨曝日

當一群坦胸露背的女同志

在廣場上嬉笑而過
此起彼落的口哨聲中
夾雜一句「改革開放萬歲」

八十六年十月十五日

煙霧黃山

山是靜止的浪
湧現出澎湃的永垣
浪是浮動的雲
在群峰疊岩中飄忽
蒼松踩著煙雲迷霧
遊走在深崖峭壁中
時而仰天長嘯
時而低首輕吟
煙霧黃山
是舒展在天地之間的
一幅
畫卷

靈骨塔

位子誠然有高有下
　　有前有後
氣氛卻是一片祥和
這裏沒有爭奪沒有計較
高官顯爵　富貴貧賤
同樣是一縷青煙
裊裊地化為烏有

他們排排坐著
乖得像一群孩童
唯一的期待
是親人來送果果
再燃上思念的馨香一炷

兵馬俑

在一個暴君的一念之間
著實讓一大群人手忙腳亂
兢兢業業地忙碌了好一陣子
於是一群沒有靈魂的人馬
陪著死人伴著歷史
在黑暗的時光長廊裏
一站站了一千多年

在一個農夫的不注意間
又讓一大群人手忙腳亂
小心翼翼地忙碌了好一陣子
於是這群沒有靈魂的人馬
重見天日面對世人
但卻必須繼續站下去
一千年甚至一萬年

張　朗卷

作者簡介

張朗，本名張領義，一九三〇年九月二十二日生，原藉湖北孝感，現定居臺灣省臺北縣淡水鎮，大同工學院機械系畢業，曾服役軍中，退伍後曾任教大同工商，現又退休，寫詩自娛，曾出版詩集三本《一千個希望》、《漂水花》及《淡水馳情》，曾主編《當代名詩人選》兩集、《當代愛情詩選》，暨《小詩瑰寶》。目前不屬於任何詩社。僅爲〈三月詩會〉同仁。

寫在晚霞上的詩

——給妻

若非你走入
我姍姍遲來的春天
我的姻緣路上
怎能綻開一路
芳香美豔的玫瑰

沒有妳常伴在右邊
我怎能攜兒負女
走進淡水河畔的新居
點一盞華燦的詩燈
照亮離亂困頓的餘生

中年是一輪過午的太陽
沒有妳的霓裳雲裾
又怎能一滾
就滾出了滿天彩霞
滾出了淡水最美的風景

兒女如初長成的乳燕
在晚空試撲漸豐的羽翼
只有妳我廝守在愛晚居中
守著今生的滿足
也守著對來世的癡迷

一座山的話

你們不仰望
我還是一座高山
你們用魔術遮蔽我
我繼續存在
且高度不變
　巍峨不變
許多沒被催眠的眼睛
都會作證

把我移遠一些
我的青翠就灰暗一些
　巍峨就朦朧一些
　峯巒也矮一些
再移遠一些
我就會淡成一抹淺影
如果仍不滿意　就把我

移到地平線以外吧
讓低垂的圓圓天幕
成為你們獨佔的
展示場　展示
你們的沾沾自喜

可惜　你們
沒有贏政的鞭山之法
也不是愚公的後裔
所以你們只能與我
共立於詩原上
你們也是山

但不如我悠悠
你們怕登山者客觀地
論斷　關於我們
主峯的高度
風景的怡人

與鐘表對話

——1.鬧鐘

剛踏進鐘店
鬧鐘就急忙問我
「喜歡鈴聲、鳥鳴
還是一曲輕快的音樂？」

我搖頭表示這些都不重要
她嫣然一笑
「知道啦，你愛的
是美麗的外形」

我微微一哂
「沒事，別滴答、滴答
不停地嘮叨
該叫醒我的時候
準時把我叫醒」

2.腕表

那天早晨
腕表建議把她戴在右腕
「為甚麼？」
我不由一怔

她一本正經地說
「因為你慣用右手
我在左腕只能報時
不能統計
你一天工作多少時間」

「再多管閒事
就把妳戴在腳踝上」
我怒聲喝叱

她噗哧一笑
「那也不錯啊

我會精確地算出
你以甚麼速率向前邁進」

3.座鐘

遠望偶覺
它入定如老僧
遂走近相詢，「可曾參透
如何止息蝸牛角上的紛爭」
它不語，只唱著那首
滴答、滴答的歌

又一次　見它
趺坐如佛
又問，「幾時度芸芸眾生
脫離無邊的苦海」
它不言　仍唱著那首
滴答、滴答的歌

今天
它在我的眼裡
無端變成了一方頑石
正想開一個玩笑，「當年可曾向說法
的生公點頭」
頓悟它體內的滴答、滴答
正是入耳驚心的
禪音

曾經

曾經
將自己想作
冷冽的秋風
一心要把枯葉全部搖落
好讓來春的新蕾
在光頹的枝頭吸吮著
溫煦的陽光茁壯

也曾經
覺得自己是
一團除舊佈新的野火
踩著烈焰的步伐
引導春之女神　走過
遼闊的荒野
步步芳草　綠遍天涯

有時

只願自己
是噗噗鼓翅的飛蛾
猛撲那一燈
焚身的憤怨
學一學　古燕趙大刺客
驚天地泣鬼神的悲壯

現在
纔發現自己
只是一顆小小的星
在秋夜　遠遠
遠遠的天際　從來
沒人注意　我的存在
我也只能望著人間
無奈地眨動著暗淡的眼睛

愛的小詩

一

昨夜夢見妳如花的笑靨
今晨醒來　髣髴
枕畔猶有餘香

二

向神祈求妳來世的溫柔
夜
卻先給我一個纏綿的夢

三

妳只知道我的那首詩好美
卻不知道我寫那首詩的時候
正在想著妳

四

一盞燈　一壺茶

還有心中的一個妳
伴我吟詩　不覺
已經漏盡更殘

五

相思是一棵開花的樹
我心園裡的相思樹上
開滿了妳的顰，妳的笑……

感與悟

一

聽到音樂還想起舞
我知道自己仍然年輕

二

八大藝術是八種美容聖品
我選擇了詩來彌平心靈的皺紋

三

寂寞是詩人的另一半
佳句由她孕育誕生

四

跟眾人一起走
只能去眾人去的地方
所以詩的路上
我獨行

五

走出户外，我走進了
一個擁擠擾攘的世界
回到斗室，我又回到
一片遼闊靜美的天空

風雨秋夜

閉户熄燈獨臥
不聞步履　客來
竟席無虛座
歡然談笑　齊舉
燈暈夜光杯索飲
我欣然酌自己的詩
當酒

娉婷倩女
最善感多情
淺飲即忍不住
投懷抽抽搭搭
不停如細雨簷滴
引起滿座哄笑
恰似嘩然傾盆

突然，一客感慨擊案

巨響如狂風振闉
只藹然翕嫗
神情恬淡
新釀舊醅下喉
一一化作
樹梢搖落的輕嘆

秋夜淒其　難得
紅顏相伴　知音暢敘
我正陶然　醺然
金雞聲中　客驚去
不禁瞿然　又悵然

景陽崗奇想

老虎，三三兩兩
在崗上嬉戲閑閑
飢餓時，毫無忌憚地
樸殺行人聚餐

廟裡，武松神威依舊
卻不敢出來揮除害之拳
國際保護野生物組織
正密切注意中國的虎權

虎門銷烟池

歐美人權主義
世紀末的薰風
吹得酷愛自由的人士
飄飄然；髣如
地心已喪失了引力

歐美人權鬥士
世紀末的救世主群
對同胞普降福音
我既感幸運，又五體投地
感激浩蕩神恩

觀光之旅駐足池畔
不禁戰慄於
一個突來的意念
他們大力推銷的人權
會不會是另一種鴉片

劉菲卷

作者簡介

劉菲，本名劉文福，另有筆名劉金田、田滇，一九三三年出生，湖南藍山縣人，研究班畢業。

曾創辦《鍾山詩刊》，出版六期停刊，一九六九年詩宗社發起人同仁、曾爲創世紀詩刊社同仁、秋水詩刊同仁、第十五屆世界詩人大會副秘書長。並曾獲詩運獎。

現爲中國文藝協會副秘書長、中華民國新詩學會理事、副秘書長、世界華人詩人協會理事、中華文化藝術協會會員、臺灣省作家協會會員。《大海洋詩刊》社長、世界論壇報《世界詩葉》主編。

從小愛好文藝，曾發表小說、散文、詩歌、評論及報導文學等作品，已出版專集者有詩藝評論集《長耳朵的窗》、詩評集《詩心詩鏡》、詩集《花之無果》、《風景·情景》、評論集《談詩論藝》待出版。

永遠的重慶

一

重慶　直轄了
可曾記得八年抗戰的陪都？
可曾記得日機轟炸的慘劇？
「嘉陵江上」還會唱嗎？
「流亡三部曲」還記得嗎？
而今　嘉陵江濁濁瘦瘦的
江畔軍閥的別墅變成「畫家村」
　畫家村的房屋老老舊舊
　畫家村的花木春色淺淺
不朽的畫家不朽的作品
不朽的聲名老早走出嘉陵江畔
神秘的「中美合作所」呢？
花木輝映的「委員長辦公室」呢？
失去觀光價值了麼？
老重慶人災難太多不想回憶

新重慶人驕氣太旺舊事不重提
反正時間告訴你
老的老了舊的舊了沒的沒了
新的天天在生天天在長而且
天天在變天天花樣翻新

二

從縉雲山遠眺市區
一片霧濛濛
機車的霧
汽車的霧
工廠的霧
大氣層霧中之霧
霧將山城騰升
騰升為朦朧之美
鵝公嶺夜宴車水馬龍
非李白非杜甫非屈子

是改革開放中富貴的景象
是經濟大潮中奢華的開端
沒人珍惜來之不易的海鮮
沒人表態「吃不完帶著走」

從鵝公嶺遠眺江北
夜很柔很美很誘人
一幢幢的高樓大廈
一排排的紅紅綠綠
美酒美女伴著醉不倒的商賈
煙味酒味香水味財源滾滾來
歌聲琴聲慾笑聲繚繞不夜城

三

晨曦喚醒長江大橋
長江大橋建時太大而今嫌小
人擠人的時代沒走完

車擠車的時代就來臨
　所有的橋太隘
　所有的路太小
至於火車站　擠擠擠
至於飛機場　擠擠擠
重慶的天空裝不下重慶
重慶人抓不住重慶的翅膀
經濟大潮帶動文化起飛　飛呀
飛成國際飛成流行飛成性感
惟獨
飛不走四川辣味飛不走格老子
也飛不走富貴中的　貧窮
格老子　永遠的重慶
　永遠的重慶！
一九九七年四月十九日　世界詩葉一四六期

她的手

她的手　纖柔地
　在鋼琴鍵上撫弄貝多芬
激情　癡迷　沉醉
突然　音符休止

她的手　靈敏地
在電腦鍵上活活跳跳
從早到晚　從年頭到年尾
溫柔多嬌變成方方正正

她的手　淨淨地
拿起油膩的菜刀就怕割到手
想起媽媽做菜動作快又好吃
方知廚房有大學問

她的手　笨笨地
孩子的尿布換不俐落

七拉八弄
孩子氣的哇哇叫

她的手　勤學苦練
由春天的嫩變夏天的熟
由夏天的熟變秋天的黃
由秋天的黃變冬天的枯
粗粗糙糙的手還買化妝品保養
遲遲鈍鈍的手還要早起去舞劍

她的手　脫離母體就刻著掌紋
紋痕不因春來豐滿秋去淺淺
紋路不因年齡增長老來減少
算命蓋仙滿嘴如此這般
她相信命運卻從不上當

大草原之戀

大草原的藍空
　給我浩然之氣
大草原的泥土
　給我慈母之依戀
大草原的野花
　給我芬芳的詩情
　　孤挺的畫意

大草原的牧草
在春風中微盪
是詩景　是樂章
是生命線

大草原
在你溫柔的胸膛策馬
健壯的雄姿挺進
在你蒼翠的山谷歌唱
高揚漢子戀情的堅貞

出海

海　在呼喚
悠揚的歌聲翻動我的寧靜
船解纜了　緩緩移向大海
我向誰揮手呢？
淚珠脫眶　默默

港灣在船尾消失
島上的山巒漸遠漸小漸無
船在海上畫一條白色浪路
　浪聲如鼓　雄壯激昂
海鷗逐浪路飛翔
在空中發出歡迎的鳴叫

清晨　旭陽追逐船艦
黃昏　船艦追逐太陽
　夕陽像火球一寸寸在遠海沒落

橘紅的光柱為海天相連處潑出
一幅彩畫

夜風瀟瀟
繁星點點
船速放緩　浪歌悠揚
站在舺板上數星星
最亮的那顆像
童年的夢

還想西湖

嚮往的西湖
愛戀的西子
在颱風前夜投入你的懷抱
在風雨夜靜聽相思的細訴

一夜的颱風
路樹橫在路上
電線杆斜在屋角
柳堤的老柳跪在湖邊

細雨濛濛
天空霧霧
走過柳堤
小舟在岸邊渡假
走過平湖秋月
湖上微波盪漾
走進西冷印社

颱風劫後的殘景
古樹東倒西斜
斷枝滿地堵路
風颼颼　如弦樂的快板
雨淒淒　如管樂的緩板

共傘在雨中　依依
相擁在風中　暖暖
嚮往的西湖
夢中的平湖秋月
與西子徜徉的柳堤
來過了　還想再來

（一九九七年八月十九日）

回家的日子眞好

山留不住我
水留不住我
鵝鑾鼻燈塔的光亮照不到我

崎嶇的南橫公路走過
海風蕭蕭的花東公路走過
綠綠的山巒綠綠的果樹
藍藍的天空藍藍的海洋
小野柳沒有柳
八仙洞沒有仙
「水往上流」是奇觀

走完台東進入花蓮
過了豐濱還有漁港
太平洋的白浪滾來滾去
誰能寫盡山水
誰能看破海洋

情話像月亮
真話像太陽
旅途的歡笑像故事的句點
車中的歌唱像生活的冒號
嚮往的蘇花公路在菲林中留下
炎炎的八月炎炎的兩岸
來了影星來了畫家來了詩人
短短的旅遊短短的相聚
長長的相思長長的甜夢
帶著小小的禮物
回家的日子真好

那棵樹

那棵樹　就是那棵樹
挺立在海拔二千八百公尺
塔塔加門前那棵
瘦瘦高高不老不嫩的
孤松

風為它消暑
花為它叫春
雨為它沐浴
雪為它增色
白雲為它造景
它就怕非黑非白氣勢洶湧而瞬間的
霧　淹沒群峰　淹沒道路
　淹沒山山之雄姿秀麗
　淹沒它之孤挺之不存在

那棵樹　那棵

不老不嫩　站在
塔塔加門前穩穩的松樹
做我的背景　做她的背景
做海峽彼岸來訪詩人的背景
一棵孤挺的有緣的
經得起風雨
經得起冰雪
經得起
被相機盜走雄姿千萬次仍挺在
塔塔加門前的那棵
瘦瘦高高不老不嫩　被
園丁移植的　石磚圍著的
心不甘情不願的
苦苦地挺著　挺著
在群峰之頂對遊客散發
莊子的白皮書　宣稱：
自我存在之浩然！

藍雲卷

作者簡介

藍雲，本名劉炳彝。另有筆名鍾欽、揚子江等。民國二十二（一九三三）年生。師範專科學校畢業，曾任中小學教師三十餘年。在寫詩的路上，也跋山涉水了數十寒暑。早年參與「葡萄園」詩刊的拓荒，並一度職司其編務。唯不久退出，且遠離詩壇。民國七十年左右，又重現江湖，並應邀加入「秋水」詩刊社（現已退出）。一九九六年自教育單位退休後，創辦「乾坤」詩刊，擔任發行人兼總編輯。

自認缺乏寫的詩的才情，故無什麼強烈的企圖心。祇視寫詩爲其興趣，聊以自娛。如一定要問我爲什麼寫詩？寫詩的目的又是什麼？我只能說：爲了滿足自己心靈的需要而寫詩，除愉悅自己外，別無目的。假若有作品能稍微產生一點作用，或　博得讀者的賞識，那完全是意外。我既非天才型，也非苦吟派的詩人，自己滿意的作品，幾乎沒有。因此，我必須繼續努力。縱然是隨興之所至，也希望能一窺詩的堂奧。

出版的詩集有：《萌芽集》、《奇蹟》、《海韻》、《方塊舞》、《燈語》等。

天眼

那是怎樣的一雙眼睛
流眄六合
俯瞰大千
在它的燭照下
巍峨崢嶸者，益顯巍峨崢嶸
醜陋邪惡者，無所遁其形
它是鏡子，它是燈
是它維繫了這世界的命運
有人怯於見到它
企圖隻手遮住那眼睛
好在光天化日下
或黑夜般的暗室中
偷、搶、騙……
不論面目猙獰或偽裝的綿羊
當它一眼識出
便如揭開裸者的衣裳而曝光
有人懍於那眼睛無所不在

且具洞察人心肺腑的敏銳
踏出的每一個步子都像面臨深淵
不願自己的腳上沾染污塵
而在那有如君父的眼裡
做個俯仰無愧的人

白千層

剝吧，即使你們剝我
千次萬次的皮
我依然不屈
是樹　就要站著
以頂天立地的姿勢
我不是沒長骨頭的藤蔓
不會貪緣攀附
面臨任何打擊
都不曾畏縮　逃避
而我引以自豪的是
不僅彰顯了我堅毅的意志
更具有白璧無瑕的心地
當你們剝開我一層一層的皮時
便知我的肌肉，我的骨
可是冰清玉潔
一若白荷般，未被玷污

新里程的開始

——給香港

香港·一九九七
一個新里程的開始
降下那面已經日落的米字旗
摘掉那頂備感屈辱的破帽子

一百五十多年的隔離
終於回到了母親的懷裡
所有的骨肉手足都在歡呼
熱烈迎接歷盡滄桑歸來的你

因你天生麗質
已成一顆耀眼的明珠
但在寄人籬下時
祇是一名不能自主的奴婢

現在，你不再仰人鼻息
而要挺直腰來活出你自己

在全世界最大的一個家族中
你將展現別具一格的風姿

路燈

他目送
一個個夜行人歸去
自己卻無家可歸
（長年守在路邊
滿腹心事
訴與誰聽）

張牙舞爪的夜撲來時
屹立如山的他
一手擋住了夜的攻擊

黑暗勢力縱然猖狂
祇要有他在
人們就有安全感

——一九九七年五月一日初稿
一九九七年十一月十日修訂

石頭的話

人們儘管踩我　踢我
以極鄙薄的字眼罵我
我都懶得搭理
沉默是我的個性，也是一種抗議

那些踩過我　踢過我　罵過我的
如今在那裡？
有的成了蛆　變作塵　化為灰
而我恆默默地冷眼以對

別以為我沒有聲音
我的話只說與知音聽
曹雪芹便把我對他講的故事
寫成一部不朽的鉅著

有時我也會高歌一曲
你聽見了嗎？

我的歌聲曾讓天驚
但願還能將人間的鴻溝填平

一九九七年四月廿四日

盪鞦韆

踏板踩穩
兩手抓緊
膝蓋微曲
用力一蹬
像出巢的燕子
向空中飛騰
飛躍矮牆
飛過旁觀者的頭頂
像衝浪高手，激起
四周又驚又羨的呼叫聲
但只一瞬
便滑落如流星
豈甘就此罷休
不到意興闌珊不停
下來了再上去
如此忽高忽低
擺盪一生

在理想與現實間
有扶搖而上的亢奮
有風中落葉的心情
劇終時
幾人盡興而歸
幾人意猶未盡

蓮的秘密

桃李競艷時
不見你的蹤跡
你獨鍾情一名叫夏的男子
迷戀他的熱情與魅力

你擎一把綠色陽傘
燃火紅的心以示意
浪漫成性的他
竟辜負一往情深的你

他雖然薄倖
你卻堅貞不移
無視那溫室的引誘
恥於去人們的衣襟上或花瓶裡

你將綿綿無盡的愛
化為永恆的記憶

縱歷千萬年而心猶未死的你啊
蘊藏了多少愛的秘密

附註：報載某華裔美籍生物學家，最近實驗一顆數千年前的古蓮子，居然萌芽茁長

——一九九六年八月二十日

詠牛

你一向安步當車
走起路來慢吞吞
因你表現遲鈍
人們便說你笨

笨是笨一點
你不像鸚鵡懂得賣乖討人喜
也不如犬會看門馬會跑
你沒有人寵，不會被人視為寶

而你祇是默默為人服務
心地敦厚，生活單純
無視於人世的暖冷
忍辱負重地過一生

你從不怨天尤人
無論是多麼痛苦的遭遇

你都默默忍受
因你乃甘願為人犧牲的牛

長江之戀

長江水，長江浪
日夜澎湃在我耳畔
鮭魚從未忘記回家的路
我豈能忘記你的呼喚

長江呀！長江
我記憶的錦繡中永不褪色的一段
在你身畔有我兒時的腳印
是你孕育了我胸中的千嶽百川

今天，我打遙遠的海隅歸來
彷彿回到了母親的懷中般
縱然六五春秋付東流，兩鬢飄霜
見到你時依然難掩我心頭歡

兩岸景物緊緊地抓住我的目光
尤其在此風清月明的夜晚

江水悠悠，恰似我長奏的戀曲

長江啊！親近你是我渴慕久矣的心願

一九九七年九月十六日（農曆中秋 · 六五賤辰）夜於馬可波羅遊輪上

林　齡卷

作者簡介

林齡，本名林義雄，一九四二年生，臺灣臺南市人。現爲中華民國新詩學會暨中國文藝協會會員，秋水詩刊社長，著有《迪化街的秋天》詩集。

民國五十年代即從事詩創作，作品常見於皇冠、野風、中華日報等各大報刊，後因從商而退出詩壇。現事業有成，家庭幸福，又重返詩壇尋寫詩的樂趣。

給

——獻給鈴粉

妳把妳的春天給了這個家
把溫馨和歡笑給了孩子
又陪我走過一段沒有歌的日子
而我能給妳什麼呢
我已罄盡所有
謹將這本詩集送給妳

願

如果妳是花
　我願是蝶
如果妳是樹
　我願是滕

有時
我更願是一首歌
藉那悠美旋律
一吐內心對妳的愛戀

如果妳不介意
我也願化作一首詩
聽妳吟哦，讓妳讚美
啊！親愛的
我感到無比地歡欣

圍巾

沒有什麼
比這更溫馨的
當它圍繞著我

這一針一線啊
針針線線都是情　都是意
深深溫暖著一個遊子的心
當它圍繞著我

見了它
彷彿見到妳
獨自坐在閨房裏
含情脈脈　一針一線
編織一個綺麗的憧憬
當它圍繞著我

送妳一束玫瑰

送妳一束玫瑰
　白的如雪
　紅的如火
　黃的如金

送妳一束玫瑰
　白的象徵純潔
　紅的象徵熱情
　黃的象徵堅貞
送妳一束玫瑰
就像那束玫瑰一樣
妳在我心中是那麼的
美麗、純潔、熱情、堅貞

畫一個妳

畫一個妳
在夜深人靜時
或黛眉深鎖
或展顏莞爾
畫呀畫的
畫出一片相思來

畫一個妳
多少年了
依舊是當年的妳
而我日已夕暮
畫呀畫的
畫出一片惘然來

影　子

從孩子身上
我隱約找到
年青時的影子
一時之間，似曾相識

值得欣慰的，孩子
如同自己手栽的一株幼苗
在風雨中逐漸茁長
茁長，且卓然成樹

還有什麼遺憾的呢
金錢、地位、權力以及
其他，固企不可求
但怎能相互比擬

佛

大眾求佛
佛在那裡

佛，活在人的
端端正正行為上
坦坦蕩蕩心胸上

笑彌陀

若非光頭無鬚
則像是富商鉅賈
袒胸露腹，大肚便便
是懷胎十月抑或藏有禪機

走出佛門
笑遊人間，告訴我
你的莞爾，到底
化解了多少暴戾為祥和

萬年青

乍看之下
還以為是竹呢
只是細細的
沒有它的瀟灑與飄逸

然則，一樣的長得
婷婷裊裊，一樣的
駐顏有術，所不同
一個虛懷若谷
一個滿腹經綸

睡蓮

無視明月的皎潔
無動於夜鶯甜美的歌唱
花兒競相奔放
啊！為何妳獨自沉眠
在這惱人的夜晚

夜來香

白天，妳樸素無華
引不起人們的青睞
　　蜂蝶的眷戀

妳愛夜，六月的夜
妳愛晚風
只有在習習晚風中
始偷偷地將馥郁的心事
吐露

仙人掌

花非花
樹非樹
是誰啊！風姿綽約
兀自佇在大漠中
獨領風騷

春

庭院上的芒果樹
又開花了
好像告訴我春已來到
如此來了又去
　去了又來
而我的春天呢
怎麼一去不復返

美與醜

有人歌頌玫瑰
但它有凋零的時候
人即使有閉花羞月之貌
也有珠老色黃的一天

太陽雖然沒有月亮嫵媚
但月亮卻不及太陽的光與熱
當寒冬來臨的時候
我們將感到太陽的溫暖與可愛

赤崁樓

紅磚、朱瓦、飛簷
椰影，古意盎然
誰説時光一去不復返
此時此地，我彷彿
置身明末、清初年間

雖聽不到
當年的戰馬嘶鳴
卻隱約見到 國姓爺
挺立樓台上，
劍指中原的悲憤

安平古堡

據說數百年前
此地乃一古戰場
為兵家必爭之地
可以想像，那時
煙硝瀰漫，砲聲隆隆

然而，這一切都已事過境遷
如今紅毛鬼子抱頭鼠竄
國姓爺也壯志未酬
留下幾尊火砲，面對的
已不是戰艦千艘
而是處處笙歌，萬家燈火

億載金城

戍守的兵走了
走了，不知魂歸何處
留下此城
空悲嘯，在風中

初秋眼前更是一片蕭瑟
草長及胸，滿城飛舞
我想若是當年旌旗
那軍容該是何等壯盛

祇一舉步，便跨入
康熙年間，令人不解的
偌大城郭竟不設防
難道他們洞悉
我非探子，乃一憑弔人

股票市場

有人說股票市場
　是政治的溫度計
也有人說
　是經濟的氣象台
甚至有人說
　是民心的風向球
而我認為
它是一處沒有醇酒美人的銷金窟

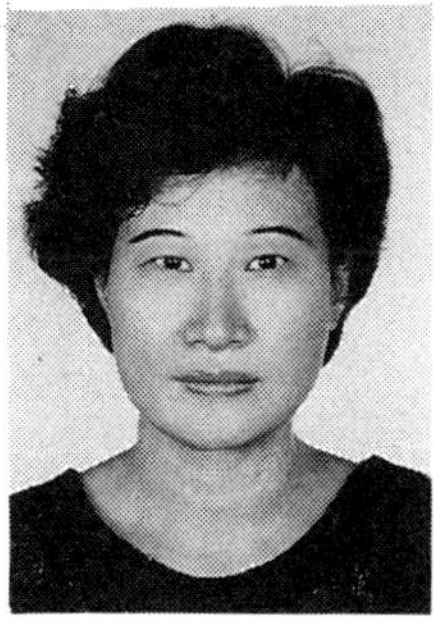

關　雲卷

作者簡介

關雲，本名汪桃源，一九四九年出生臺中縣大肚鄉，原籍湖南茶陵縣。花蓮私立高中畢業。現爲中華民國新詩學會會員、中國詩歌藝術學會會員、葡萄園詩刊編輯委員、三月詩會成員，有新詩、散文‧童話作品，在各報刊雜誌發表。

我認爲詩是心靈的聲音，只有在寫詩與讀詩時才能聽到，而在與詩友論詩時，引起共鳴，是我心靈的最大慰藉。

春心

你原不知
我內心的浪漫
兩袖揮揮
無關乎　鳥逐雲去了，雲逐花去了
妹妹，當心碎的月光洗盡了塵囂
你　安謐的春夜也洗盡了夢

照片

你　白髮斑斑　仍
一頭雄獅
凜然　昂揚

人群裡有三五個
似曾相識的面孔
望著她們
也許是吞食過多的
人間疾苦　世事善惡
一朝醒來　已是
福態中徐娘半老了

昔日的校園
容貌已變
一番新的景像　唯獨
栽植不同的植物裏
依然倔強地活著
依然成片地茂盛

遠山

傳說　曾有一群仙翁的隱居
感覺層層疊障　似乎
夢裡越過千山萬水
腳下的每一步十分艱難

在遠山的黛色下
唯有在你的清潭裡
我的心才能容納整箇天體

日子不曾荒過

在休憩的片刻
力求把日子攤得均勻
有些夢，不一定在寂寞的夜晚溫馨

夜色所擁有的一切
瞬間幻作藍藍的襯景

徐徐涼風
隨性地任一頭髮絲吹拂
任其隨風而飄

不問岸在何方
不問步子輕重
你一身自在

母老虎獨白

在舞臺一隅
盡情賣力地
演出自己
耳畔傳來
此起彼落不一致的
似喝采和風涼之語
重重歲月
總是越繁重
　越艱辛
聲聲母老虎
又招惹誰了？
誰最「博愛、寬大」
嗯嗯
就是醉不死這齣
又愛又恨
演了千古的角色咧

病

住在都市
我　無能向天空炫耀
決不怒視
涵養　涵養
別看見一張張烏雲般的臉
只欲探究其因
我的肺和脈管變色
嗯　不同不同　某箇
夢與下午
一朵朵心花難綻放
在陽光下行走
游不去塵埃的迷惘
為那閒情
你就這麼站著或坐著
一根緊捏著煙、茶及報紙
薰黃的手握住天空的雲
似聽星子們面色凝重而蒼白

就連青少年眼中好多好多的星都
失去了血色
喂　不戒煙嗎
熾烈燒痛我忍不住的心
面對的空間
汽車排氣　喇叭聲
音響喧天　燈和霧
難以分辨
一陣煙薰
一聲咳咳
很難放晴
很難再見藍天

孤燈下

深夜
一隻黑貓
在巷子徘徊
喵嗚的叫聲
劃破整棟樓的
安甯
歲月與流浪
跟著月影
一起跌落地面
摔碎她即將有的好夢
又一聲尖銳的叫著喵嗚
今夜孤燈下
空氣冷凝
我低聲安慰冷冽中的她
就再沒有共鳴
惟恐最後一次叫聲
也被攪亂了方寸

我想此刻
她的世界是否一片黑暗無光
抑或……

夜歌

一小聲心靈的祝福跟問候
像一盞明亮的星燈
想念之時
我是月掛半天中的星
眨著晶瑩的眼
閃爍著纏綿的思緒

給新店台北小城

看見你的臉亮在風中
整座山逐波而來
也壓根兒問不出理由
濃霧何時再度落腳
挽著落葉　閒散
我　吸著雲煙吐著煙雲
不想探究和承受著
多少沉重的負擔

啜滿眼夜空清冷的臉
喔。三兩犬吠
風仍不時前來訴說
一片片的故事

別走　好友
昨夜曾望著閃爍的星子
哭過

這兒的甯靜許被你們
雜沓的腳步
踩碎

枯葉

歲末大掃除
書桌靜躺著一小方盒
透明的盒內　有
一堆枯葉　正待
潑寫成晶瑩的詩句

枯葉　不是我
我　不是它
只一箇勁的
為每一季的交替而歌

回首——
或風光或凋零
陽光呵。別怕
終究會將手握成春天
總以沉思款待枯葉

幾陣枝搖
　搖落
那串腳印
輕數著跫音
由響而細

愛筵

那心靈殿堂裏
也許是愛的約定
彼此沒有隔閡
與真理和愛並存
無關陌生
自在地寒喧　關懷　歡笑
今夜的你
不再掛慮
敞開原本窄小的門
在充滿豐盛的佳肴中
欣悅地　儘興地享用
美好的筵席

音流

嘿
且「將箏曲似金聲玉振
　　變成知音。」
也是金屬擊碎無眠的和風
　泉是你、淙淙是你
　風是你、海是你
　山是你、鳥是你
隨著興緻，盪開
成另一種
　　低
　　吟

塑

我　塑著
一幢幢直聳雲天的呼嘯
你們將手握成公寓
　　握成大廈
把陽光和藍天
拋出島之外

當吆喝直衝天際
窗外塗不綠的山和石
塗不滿遊子濃濃的鄉愁
窗內、唉唉，汗以及血以生命
展現於臂膀鼓起的大地

甜之味

孤獨地咀嚼著
眼皮不再沉重地
想跟周公打交道
半睜半閉間
我仍知道
是不是箇中滋味讓齒縫留甜
抑是透明純淨的情
一塊糖　因而
注入了我
血液的溫度和熱量
上升　也使
它包裝的外衣換上了時髦廣告　獲消
費者之青睞

8支35號信箱

夜　很黑
站在寒氣的堤上
你是鳥醒前的樂手
用安詳演奏
揮別過去
眺望前方的燈塔
胸臆
呼一口氣
就永久跟隨
自
由

細數五年的堅持

——為「三月詩會」成立五周年而寫

麥穗

時光對老人來說，似乎過得特別快速，不知不覺中，「三月詩會」已跨過了六個年頭，今年（一九八八）三月是它五歲生日了。成立於民國八十二年（一九九三）三月的「三月詩會」，五年來每個月第一個周末的中午餐聚小酌，午後品茗談詩，除了成立當年的九月，因多位同仁參加「葡萄園詩社」大陸訪問團，暫停一次外，始終未曾中斷過，在臺灣詩壇的多類型詩組織，不同形式的定期或不定期詩活動中，算是最有「韌性」和「定（固定）性」的詩社了。

「三月詩會」的創立，緣起於五年前的二月某日，詩人林紹梅以電話聯絡邀了一些年歲相若，已退休或即將退休的詩友，於三月十三日在臺北市中山南路的國立中央圖書館（現已改名為國家圖書館）餐廳餐聚。是日到場的有林紹梅、田湜、王幻、文曉村、晶晶、劉菲、張朗、謝輝煌、邱平、藍雲、麥穗。席中獲得五項共識，一、決定以首次聚會的三月命名為「三月詩會」。二、每月第一個星期六為聚會日。三、不設會長等虛銜。四、每月由同仁輪流召集，並為下月詩作命題。五、餐聚、茶聚之餐費茶資由參加者平均分攤。「三月詩會」於是正式誕

生

因為沒有嚴密的組織，沒有嚴格的規章，不設會長、理事長、總幹事、秘書長等虛銜，除新入會的同仁形式上得透過老同仁認可外，入會出會並無嚴格的約束，所謂遊戲規則也只有輪流擔任召集人，出詩題，必須按規定去做。別無其他義務權利，因此同仁之間除了相互欣賞各個作品時，在理念方向上難免有些意見外，大家一直都是一團和氣，像個大家庭般地和睦相處的。

目前「三月詩會」的聚會地點，大都在西門町附近長沙街的國軍英雄館二樓小吃部，餐後慢慢徒步到衡陽路的「秀苑」品茶談詩。英雄館的江浙小吃經濟實惠，秀苑滿室書畫藝術氣息濃厚，而且都是交通極為方便的市中心地區，在這以前最早是中央圖書館餐廳，以後是國家劇院餐飲部，陸羽茶藝館，也去過近郊風景秀麗的碧潭茶亭，大草原自助餐廳，在故宮博物院服務的同仁林恭祖退休時，我們移師到外雙溪該館福利餐廳，鶯歌鎮舉辦陶瓷大展時，大伙兒就到住在鶯歌的同仁汪洋萍家中，順便參觀陶瓷博覽會。

命題作詩是「三月詩會」的另一特色，詩會成立到今，五年中集會五十九次，也出了五十九個詩題讓同仁發揮（每月詩題請參閱本集中的〈三月詩會歷年每月詩題〉），出題也是一件藝術，五十九個不同的詩題，有隨手拈來的，有挖空心思的，也有許多是應時應景的，如成立第一次的〈三月〉，在陸羽茶藝館時的〈茶〉，在碧潭時的〈船〉，在大草原時的〈草原〉，以及釣魚台事件時的〈釣魚台〉，香港回歸時的〈香港〉，去鶯歌參觀陶瓷展的〈陶瓷〉，以及〈端節〉、〈七夕〉、〈歲暮〉、〈夏夜〉、〈春遊〉、〈秋月〉和牛年的〈

牛〉等應時題。當然也有些是刻意安排的，如配合臺灣省新聞處徵求風景詩時的〈臺灣風景〉，同仁張朗編著《小詩瑰寶》時的〈小詩〉等，較有趣的是民國八十四年（一九九五）七月，現移居杭州西湖畔的詩人明秋水應邀作「三月詩會」貴賓，他以大陸玉鐲作禮物贈送每位同仁，我們就以〈玉〉作為當月的詩題。當然有時有特殊的情況，召集人也會臨時增加一個「副題」，如民國八十五年（一九九六）二月，因臺北新公園被改為「二二八紀念公園」，園內的二二八紀念碑旁，有一塊尚未鐫上碑文的無字碑，當時除原題外，另加一題〈無字碑〉，次月總統民選，我們又加一副題〈民選總統有感〉。這些副題不必如主題每人要「繳卷」的，但大家還是寫得很勤。

每月按題所寫的作品，除影印分發給同仁欣賞外，並分別由各自朗讀一遍，然後接受同仁們檢驗，被讚美者有之，遭修理的也不少，對於作品的要求大家的境界很高。評者可以毫不保留地發表己見，作者也都能極有風度的接受，這就是「三月詩會」歷五年而不衰的原因。經過同仁們「檢驗」的作品可以說百分之百都在報刊雜誌上發表。而且同仁們的手上也擁有不少刊物。如《葡萄園》、《乾坤》、《世界詩葉》及已停刊的《谷風》等純詩刊、《林友》、《聯合報導》及已停刊的《宇宙》等綜合性期刊，它們不但發表同仁們的作品，更經常製作不同的專題、專欄等。

「三月詩會」是個大門敞開的詩社，只要是寫詩的，我們都歡迎來參加，雖成立之初是一群銀髮族為主，但後來因為女同仁的人數一直無法突破，始終只有女詩人晶晶「一枝獨秀」，於是在同仁們的共識下，將不成文的年齡層次解除了。在前述的創會同仁除田湜因年歲較大，集會時間以生活習慣無法配合，在詩會成立次月即退出外，次月就有新同仁金筑加入，不久一信、汪洋萍、劉建化、宋后穎、莫野、王碧儀、關雲、林恭祖、林齡、徐世澤、潘皓、大蒙等又次第參加，因為「三月詩會」的門戶是進出自由的，所以不斷有詩友進來，但也有些因故離去的，目前同仁有林紹梅、王幻、文曉村、汪洋萍、林恭祖、晶晶、張朗、金筑、一信、藍雲、謝輝煌、劉菲、王碧儀、關雲、林齡、徐世澤、潘皓、麥穗、大蒙等十九位，尚有一位大陸詩人米斗。原則上詩會是不接受大陸及海外同仁的，因為他們無法參與我們的聚會，但米斗三番二次的函請參加，結果在下不為例下，破例列入「三月詩會」同仁名單中。成為唯一的大陸同仁。可惜的是三年前「三月詩會」的創始人林紹梅，不幸罹患了肌肉萎縮症，長期臥病榮總，前幾年還在病中創作，近年已完全不能寫了。「三月詩會」同仁中有教授、中學教師、退休公務員、退役軍官、畫家、期刊社長、主編等，大都是退而不休的銀髮族。

詩會同仁於這五年中，在整個臺灣詩壇也是活躍的一群，幾乎所有詩的活動中，都有同仁們的參與，如世界詩人大會、詩學研究會、朗誦會、文學團體如中國文藝協會、臺灣省文藝作家協會、青溪文藝協會、新詩學會、詩歌藝術學會，以及《海鷗》、《葡萄園》、《秋水》、《創世紀》、《笠》、《大海洋》等詩刊舉辦的活動等等。同仁們更因優秀的作品和卓越的成就，獲得獎勵，如文協文藝獎章，省中興文藝獎，年度詩運及詩教獎，甚至榮譽文學博士學位等等。

在著作方面同仁們在五年來也出版了十幾本詩集，編了近十集的各類詩選集，更有同仁數度組團訪問大陸，與大陸詩界及出席舉辦之詩學研討會等交流活動，足跡遍及東北、西北、華北、華東及西南重要城市。也接待了許多大陸訪台的詩人詩評家，如古繼堂、王常新、雁翼、古遠清、黎煥頤、劉春雨等，部份貴賓並參加了我們的集會，共享詩的喜悅。當然，國內詩人也經常應邀與我們一起談詩。五年來有王祿松、古月、涂靜怡、琹川、周伯乃、秦嶽及遷居杭州的明秋水等。

民國八十三年（一九九四）「三月詩會」成立一週年，同仁們提議出一本紀念詩選，公推舉筆者與晶晶負責編務、經集稿、編校，《三月情懷》於八月份出版，正趕上第十一屆世界詩人大會在臺北（環亞大飯店）召開，詩集就在大會中分贈國內外與會詩人，頗獲好評。民國八十五年（一九九六）「三月詩會」成立三週年紀念，由同仁張朗、藍雲負責編選第二本詩選《三月交響》，在三月間適時問世。今年（一九九八）為「三月詩會」成立五週年紀念，當然更應表示慶祝一番，《三月風華》是五週年的獻禮。雖然少許同仁因剛出版個人詩集，或參加其他詩選，以及其他原因而沒有提供詩作，但五年必竟是一個值得紀念的日子。樂於執筆為它留下一些痕跡。

一九九八、元旦於烏來

附錄：

三月詩會歷年每月詩題

麥穗輯

民國八十二年（一九九三）

三月份——三月　四月份——茶

五月份——端節　六月份——蟬

七月份——千年之後　八月份——七夕

九月份（未集會）　十月份——船

十一月份——歲暮　十二月份——結

民國八十三年（一九九四）

元份——魚　二月份——飛

三月份——酒　四月份——鐘、錶

五月份——夏夜　六月份——鎖、鑰

七月份——詩人　八月份——秋

九月份——竹　十月份——草原

十一月份——愛情　十二月份——一九九五

民國八十四年（一九九五）

一份——春　二月份——孝道
三月份——雨　四月份——遠方
五月份——雲　六月份——橋
七月份——玉　八月份——花
九月份——秋月　十月份——小詩
十一月份——岸　十二月份——門

民國八十五年（一九九六）

一份——路　二月份——春遊
三月份——清明　四月份——五月
五月份——六月　六月份——臺灣風景
七月份——荷　八月份——樹
九月份——釣魚台　十月份——運動，遊戲
十一月份——陶瓷　十二月份——牛

民國八十六年（一九九七）

一份——水果　二月份——文房四寶
三月份——石　四月份——燈
五月份——香港　六月份——淡水河

七月份——山　　八月份——手

九月份——眼　　十月份——戲

十一月份——古蹟　　十二月份——無題

民國八十七年（一九九八）

一份——無題　　二月份——虎

三月份——保險

編後記

三月詩會，是個沒設門檻，自由進出的詩人雅聚。歷時六年，成員現有十九人。年初聚會時有人提議：爲紀念成立五週年，要出一本同仁詩選（第三本詩集——已出版《三月情懷》、《三月交響》兩本詩選），自由參加爲原則。編輯兩人一組，採公推、輪流混合制，編排規格都已形成「傳統」，編輯集稿而不改稿，但要負責接洽出版及費用出納等雜務。

這次推舉劉菲和筆者輪任編輯，經一一徵詢參加意願，各有不同原因，有意參加者共十人。現已編輯完成，寫這幾句話作爲後記。詩這個東西，「橫看成嶺側成峯，遠近高低各不同」好壞由讀者去品評。三月詩會是以詩會友的雅聚，相互砥礪，以求精進的詩創作精神，我們引以爲榮，自得其樂！

汪洋萍執筆